DIVERSITY to me

A DIVERSIDADE PARA MIM

By Marisa J. Taylor
Illustrated by Fernanda Monteiro

BILINGUAL
English - Portuguese

Diversity To Me
A Diversidade Para Mim

Text & Illustration Copyright © 2022 by Lingobabies

Written by Marisa Taylor

Illustrated by Fernanda Monteiro

ISBN: 978-1-914605-25-3 (paperback)

ISBN: 978-1-914605-36-9 (hardcover)

Edited by Shari Last

Portuguese Translation by Dina Lourenço

Graphic Design by Fernanda Monteiro

All rights reserved. This book or any portion thereof may not be reproduced or used in any manner without the permission of the publisher except for the use of brief quotations in a book review.

This book is dedicated to all the children of the world who feel insecure about their differences. May you learn to love and embrace what makes you different from the rest.

Every day tell yourself one thing you love about yourself and always remember that you are perfect just the way you are.

This book is also dedicated to my children, who I love dearly. You inspire me to be a better person and to use my voice to stand up against racism & inequalities.

Este livro é dedicado a todas as crianças que se sentem inseguras sobre suas diferenças.

Espero que vocês aprendam a amar e apreciar o que o fazem diferente. Todos os dias vocês olhem no espelho e digam a você mesmo que você é perfeito do jeito que é.

Este livro também é dedicado às minhas filhas, a quem amo muito. Elas me inspiram a ser uma pessoa melhor e a usar minha voz para lutar contra o racismo.

Marisa Taylor

Hi, what's your name?
Olá, qual é o seu nome?

....

Do you know the word, "diversity"?
Let me tell you what that word means to me.

Diversity is about being different:
A different look, a different culture, a different race.
A different ethnicity - even a different face.

A diversidade é sobre ser diferente:
Diferentes culturas, raças e pessoas. É ter um aspeto único, um rosto diferente.

Everyone is born different, and that is a wonderful thing.

Because if everyone was born the same, the world would be boring.

Que chato seria o mundo, se fossemos todos iguais.

I love the word "different".
It makes me feel free.
It reminds me that
no one is the same.
There is only one me.

Adoro a palavra "diferente".
Dá-me uma sensação de liberdade.
Lembra-me que ninguém é igual e
eu sou única na humanidade.

Tenho o cabelo encaracolado, pele morena
e sardas no nariz.
Mas não é só isso que me define.
Também tenho a minha própria graça
e estilo, e é assim que sou feliz.

My friend Ore is different, too:
he is not like me.
He is shy and quiet - the
kindest kid you'll ever see.

O meu amigo Ore não é como eu:
ele é diferente também.
É tímido, calmo e amável, e
por isso tão amigo do bem.

Alexia is different, too.
She loves to paint and run.
She's the fastest kid I know.
Together we have such fun!

A Alexia também é diferente. Adora correr e pintar.
É a mais rápida de todos e com ela adoro brincar!

My friend Noah is an artist - he's definitely unique.
He's also such a joker,
I laugh each time we speak.

O meu amigo Noah é um artista, definitivamente invulgar. Também é muito engraçado e faz-me rir sem parar.

We all are beautiful!
We have special powers to offer the world,
and that is our story.

Somos todos fantásticos, com poderes diferentes para ao mundo oferecer.

É por isso que não devemos julgar ninguém, mas aceitá-los sem ofender.

Our physical, cultural, and religious differences make the world a beautiful place.

Differences are beautiful,
and are there for us to embrace.

Temos de aceitar as nossas diferenças
para que tudo seja maravilhoso.

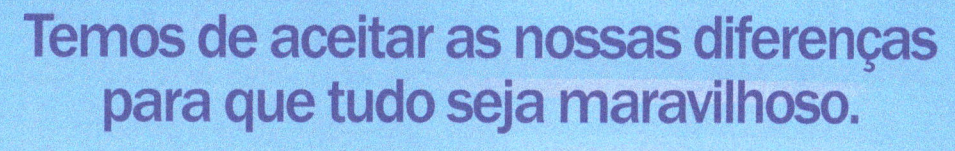

Everyone has their own special talents. That's what makes us shine - you and me.
And that is the true beauty of diversity.

Todos temos talentos especiais que nos fazem brilhar de verdade. E esta é a verdadeira importância da palavra **diversidade**.

About the creators

Marisa Taylor is a German/Canadian Author who resides in London, UK with her husband and children. They are a multiracial & multilingual family. Marisa has always been interested in learning & teaching languages, as she feels that it is the key element to connecting with people from other cultures. After becoming a mother she saw the lack of diverse resources available and became passionate about creating diverse bilingual resources that encourage children to celebrate multiculturalism and to learn a second language.

Instagram: @lingobabies

Fernanda Monteiro is a Brazilian illustrator and a mother of two, Íris and Aurora. She graduated in journalism, but her dream was always to work with drawing and found that the best way to do this would be through creating illustrations for children's books. Fernanda believes that through art she can contribute towards a better world in the future.

Instagram: @fe.monteiro_art

www.ingramcontent.com/pod-product-compliance
Lightning Source LLC
Chambersburg PA
CBHW041216240426
43661CB00012B/1065